ADVERTISSEMENT
Pieux & tres vtile,
Des Freres de la Rosee-Croix:

A sçauoir, { S'il y en a ?
Quels ils sont ?
D'où ils ont prins ce nom ?
Et à quelle fin ils ont espandu leur renommée ?

Escrit, & mis en lumiere pour le bien public.

Par Henry Neuhous de Dantzic, Maistre en Medecine & Philosophie. P. en Nörbisch. H.

A PARIS,

Et se vendent au Palais,

M. DC. XXIII.

AV LECTEVR
Curieux: Salut.

TV n'ignores point (Amy Lecteur) que depuis quelques mois ont esté veuz affigez plusieurs placards ez quarrefours & places publiques de la ville de Paris, en ces mots. *Nous deputez de nostre College principal des Freres de la Rozee-Croix, faisans sejour visible & inuisible en ceste ville par la grace du Tres-hault, vers lequel se tourne le cœur des Iustes, Nous enseignons sans liures ny marques, & parlons les langues des pays où nous voulons estre, pour tirer les hommes à nous semblables d'erreur & de mort.* Ce cartel n'ayant esté communiqué, ie confesse qu'à l'instant ie receus vn grand trouble en mon esprit, au ressouuenir de l'aduertissement que nostre Seigneur nous a donné par sa bouche des signes qui doiuét preceder son dernier aduenement: Et aussi tost me reuindrent en memoire les mal-heurs tous récens de nos guerres ciuiles, dans lesquelles tous les principaux autheurs d'icelles ont esté ensepueliz, les embrasements prodigieux aduenuz en cette ville de Paris & autres endroicts de la

A

France, vrais effects de la Comete precedente, suiuis de la Contagion pestilencieuse presque vniuerselle, menace encor d'vne famine par l'extreme cherté des viures & autres sortes de denrées: Et qu'au lieu de nous humilier deuant Dieu & le seruir selon ses commandemens, paroissent vne infinité de nouuelles gens, les vns desquels souz pretexte, de ie ne sçay quelle reforme, conuertissent l'ancienne religion de nos Peres en vn certain culte exterieur, auquel ils attachent entierement nostre salut: Les autres qui par vne extreme impieté ont contraint les Magistrats d'vzer du glaiue que Dieu leur a mis en main pour venger l'iniure faicte à Dieu & à ses saincts bié-heureux, à la terreur de ceux qui desja par vn desir de viure licentieusement se laissoient emporter à l'Atheisme. En mesme temps on nous a apporté d'Espagne les nouuelles d'vne secte Epicurienne de gens qui neantmoins se qualifient, Los Alombrados, ou Illuminez, que la Sacrosaincte Inquisition a bien de la peine d'exterminer. Puis d'vne mesme volee se sont mis sur le tapis ces Freres de la Rozee-Croix, que l'on dit estre venus d'Allemagne: Et d'autant qu'en l'incertitude de leur origne, & de leur qualité, chacun s'est donné la liberté d'en discourir, pour donner contentement à ta curiosité, ie te diray ce que possible en partie tu sçais mieux que moy, & si ie ne l'ay bien retenu, tu me pourras benignement redresser. Quelques vns disent que ces freres de la Rozee-Croix ont trois Colleges, l'vn aux Indes en vne Isle sousjours flottante sur la Mer, vn autre en Canada, & le troisiesme en la ville de Paris, en certains lieux sousterrains, Item qu'ils se rendent visibles & Inuisibles quand bon leur semble, qu'ils promettent monts & merueilles à ceux qu'ils desirent attirer à leur cordelle, or & argent, honneurs, richesses, sciences, & toutes autres choses que l'on sçauroit desirer. Que ces belles esperances ont fait ouurir les oreilles à plusieurs personnes de qualité selon que chacun est dominé par sa passiō. Ce qu'ayans descouuert (comme ils font profession de deuiner toutes choses sans Magie) aucuns d'eux, selon le commun bruict, se sont apparuz à vn Aduocat qui faisoit des escritures pour vne de ses parties, mais estāt suruenu quelqu'vn qui auoit affaire à luy, apres luy auoir dit qu'ils reuiendroient vne autre fois, soudain ils disparurent, Ce que l'Aduocat ayant raconté à vn sien amy, quelques iours apres, on dit que ces freres s'apparurent derechef à luy dans le Faux-bourg de Sainct Germain, & luy reprocherent qu'il n'auoit peu garder le secret, qui est le premier principe de leur secte, & qu'onques depuis il ne les a reueu. On adiouste que depuis ils se sont apparuz à vn certain Veau d'or insatiable, auquel ils firent des promesses si aduantageuses selon son humeur, que s'ils les eussent peu executer, il auoit occasion de se cōtenter, pourueu que d'entree & pour estre immatriculé en leur societé, il leur donnast vne somme de deniers qu'ils demandoient mais cela ne reüssit point, d'autant que ces grands deuineurs n'auoient pas bien deuiné qu'ils s'estoient adressé à vn homme qui est accoustumé de prendre tout & ne rien donner, qui moissonne où il n'a rien semé, ou s'il seme vn grain, c'est auec asseurance d'en receuoir le centuple. En apres on raconte qu'ils se sont apparuz à vn Gentilhomme aussi curieux, mais qui n'estoit pas si fin que les precedens, duquel ils ont tiré sous leurs belles promesses deux cens pistolles: Or ce Gentilhomme a asseuré par tout qu'il les auoit veuz, & que depuis ils estoient deuenus inuisibles. Il se fait vne infinité de comptes semblables de ces pretendus freres, dequoy m'estant voulu soigneusement enquerir, i'ay trouué que tout ce qu'ó disoit n'estoit que chimeries en l'air, sinon que ce Gentil-hôme en s'interpretāt, disoit qu'apres auoir baillé ses pistolles, il n'auoit onques depuis reueu ses gens & pour son regard estoiét deuenuz inuisibles. Mais comme i'estois en resolution de n'en plus rien croire, & me pourmenant vn iour par les boutiques des Libraires, m'est tombé en main vn Discours imprimé en Allemagne *apud Joannem Schmidlinum Bibliopolam anno 1622. in. 8.* Intitulé, *Pia & vtilissima admonitio de fratribus Roseæ-Crucis, nimirum: An sint? Vnde nomen illud sibi asciuerint? Et quo fine eiusmodi famam sparserint? conscripta & publicæ vtilitatis causa in lucem emissa, ab Henrico Nenhusio Daniscano, Medicinæ & Philosophiæ Magistro P. In Morbisch H.* Iugez si le fus rauy de ceste rencontre. Et de fait m'en allant aux champs en la saison des vendages, ie l'emportay auec moy, &

par fortune ayant esté visité de plusieurs honnestes gens, vn iour entr'autres discours l'on tomba sur la nouuelle de ces freres de la Rozee-Croix, & lors chacun en discourut à plaisir selon les comptes à perte de veuë qu'on leur en auoit fait à Paris. Moy qui auois tousiours gardé le silence, voyant que chacun en auoit dit tout ce qu'ils en sçauoit, ie leurs dis: Vous n'en parlez tous que par ouy dire, mais ie vous en veux parler par liures, & incontinant ie leur fis vn recit sommaire de tout ce que i'auois appris dans mon liure lequel i'auois en main. A quoy la compagnie non seulement prist grand plaisir, mais la pluspart des assistans qui ont employé leur aage à des exercices plus lucratifs que n'est à present la langue Latine, me prierent & coniurerent de leur traduire ce petit liuret en la langue Françoise, & quant & quant m'obligerent à ce faire, quoy que i'essayasse le plus qu'il m'estoit possible à m'en excuser, pour plusieurs raisons. Et premierement parce que ma professió a tousiours esté de manier les armes plus que les liures, & que mon esprit s'esgayeroit plustost à la composition de quelque nouuel ouurage selon son humeur, que de s'asseruir à la traductió forcee des conceptions d'autruy. D'ailleurs le stile de ce liure en quelques endroits est si rude, si grossier & si obscur, qu'il faut que ie confesse n'auoir pas en plusieurs endroits bien entendu le sens de l'Autheur, soit qu'il aye parlé Allemand en Latin, ou qu'il soit naturellement obscur en ses parolles, & qu'il sente mieux qu'il ne se peut exprimer, soit qu'il aye industrieusemét affecté l'obscurité, ou en ses obiections bien souuent assez debile, ou aux solutions pareillement assez foibles pour parer aux obiections que luymesmes a preparees. Qui a esté cause que pour laisser à chacũ la liberté de son jugemét, ie me suis côtenté en ces occurrences de traduire en François la phrase Latine mot pour mot. Ioinct que l'Autheur mesme en beaucoup de lieux en mettãt des lettres capitales par luy seul entenduës, s'est reserué à luy seul l'intelligence de son discours. Adioustez le grand nombre des fautes suruenuës en l'impression, vice qui n'est que trop commun aujourd'huy, & qui meriteroit vne bonne censure, si les gens ausquels est donnee la superintendance des Vniuersitez auoient tant soit peu l'hõneur des lettres en recõmendation. Toutes lesquelles choses estoient suffisantes pour me destourner de la peine de ceste traduction, n'estoit que ma foy y estoit engagee, & que le desir que i'ay tousiours eu de seruir le public a passé pardessus toutes autres consideratiõs. Quoy que ce soit, Amy Lecteur, ie te le presente de bon cœur : S'il t'aggree, i'auray obtenu la fin de mon desir, sinon au moins ayant eu bonne volonté de te contenter, ne seray-je à blasmer de la peine que i'ay prise, ny trop à plaindre du peu de temps que i'auray perdu en ceste saison de vendanges à te compter des nouuelles d'Allemagne, & à te faire cognoistre ceux que l'on tient à Paris pour Inuisibles. Adieu.

PRÉFACE DE L'AVTHEVR.

Onsiderant que le bruit se répand par tout des freres de la Rozée-Croix, iusques là que plusieurs sont en doute de ce qu'ils en doiuent certainement penser, i'ay estimé estre à propos pour le bien public d'en dire quelque chose, afin qu'à l'aduenir les plus simples d'autant plus facilement puissent cognoistre & examiner ceste affaire. Or afin que ceste matiere soit traictée distinctement, tout ce dont il s'agist peut estre reduict en quatre chefs principaux, à sçauoir.

1. S'il y a des freres de la Rozée-Croix?
2. Quels ils sont?
3. D'où ils ont pris ce nom?
4. A qu'elle fin ils ont espandu leur renommée?

Il nous faut donc particulierement traicter chacun de ces poincts.

A

I. S'il y a des freres de la Rozée-Croix.

L'opinion negatiue.

ON pourroit dire, par les fondemens qui ensuiuent, que cette sorte d'hommes ne se rencontre point en la nature.
1. Car encore qu'il y ait quelque bruit respandu d'eux; neantmoins ce n'est qu'vn bruit sourd & fort couuert; non seulement par ce qu'on ne sçauroit amener pour tesmoin aucune personne digne de foy, mais aussi, par ce que le bruit n'a point de certain Autheur. Or il est vray qu'on adiouste point tant de foy à la renommée, qu'aux autheurs d'icelle; ou bien la renommée doit estre examinée par la qualité de ceux qui en sont les autheurs, comme sçauent trop mieux ceux qui sont employez aux iugemens des causes criminelles, pourueu qu'ils se ressouuiennent comment le plus souuent on est trompé par vn commun bruict. Et quand bien on ameneroit des tesmoins gens dignes de foy, neantmoins on les pourroit tousiours reprocher & leur obiecter qu'ils ne deposent que de ce qu'ils ont ouy dire: Qu'on voye donc si la consequence est

bonne: Ie l'ay ouy dire, il est donc vray. Et combien qu'il y eust mille personnes qui dissent auoir ouy parler de ces gens là, ou auoir veu des lettres qu'on leur auoit escrites, toutesfois la chose demeure tousiours en doute. Car ils ne pourront pas rendre tesmoignage de telle sorte d'hommes, de leur estat, qualité & condition, & s'il y a quelques autres circonstances à poizer. Quoy donc? Ce seront des tesmoins (comme l'on dict) *secundum quid*. Afin de ne dire que iusques à present, il ne s'est point trouué d'homme docte & renómé, qui ait ozé rié escrire de ceste Société.

2.) On pourroit encore dire, qu'il n'y a point de ces gens là au monde? Par ce qu'il n'y a point de certain lieu où ils facent leur demeure & habitation. Or si ce sont des hommes, il faut necessairement qu'ils subsistent en quelque lieu.

3. Vn autre raison, pour dire qu'il n'y en a point, est que non seulement iusques auiourd'huy il ne s'est trouué personne qui ait ouuertemēt & publiquement declaré son nom en ceste discipline (s'il faut ainsi l'appeller:) mais plustost ils changent leurs noms, & s'en donnēt des noms, & ainsi les transposent: afin que par ce moyen ils iettent vn scrupule en l'esprit des plus simples.

A ij

4. Adioustez pour monstrer que ces gens là ne sont point, qu'ils déguisent leurs aages & leurs années, qu'ils entendent des ans lunaires ou des mois: tellement qu'il peut aduenir qu'vn homme soit à leur compte aagé de sept ou huict cens ans, qui toutesfois, bien que déja vieil, n'aura pas attaint le temps préfix de la vie de l'homme.

5. Bref pour faire croire qu'il n'y en a point, on peut dire qu'ils viennent sans se faire cognoistre, & auec vne certaine crainte, combien que l'affaire de laquelle ils se meslent requiert des gens forts & de grand courage. Tellement que le contraire se trouuant en eux, on peut dire au vray qu'il n'y a point de ces gens là, ou s'il y en a, qu'ils se deffient de leur cause. Et par ce moyen, si tout ce qui sera dict cy après d'eux, ne se peut attribuer à chacun d'eux en particulier, par ce qui sera recité quand nous parlerons de leur religion, du moins se pourra il adapter au general. Ce qui sera remarqué pour quelque précaution en cet Aduertissement.

L'opinion affirmatiue.

NOnobstant tout ce que dessus, il semble plus veritable qu'il y ait de ces gens là:

A

Ce qui peut estre prouué par diuerses raisons.

1. Car nul ne sçauroit combatre la renommée de leur estre, qui aura veu l'affluence des hommes incognus arriuez à Francfort chez B. qui ont apporté & r'emporté des lettres: mesmes qui ont par fois apporté de l'argent: & qui est plus esmerueillable, en vn temps, & pour vn subject, ou autrement il n'en estoit pas de besoin. Laquelle particularité sera cy apres declarée. Pour le moins on peut recueillir de cela, qu'ils sōt quelque chose, & ne peut on nyer qu'il n'y en ait qui ont enuoyé cet argent, & qui l'ayent voulu perdre principalement au tēps que nous voyons à present.

2. A ce propos faict le commun Prouerbe des Allemans, qui disent, *Il vaut mieux estre recherché de ces messieurs que les rechercher. Que si les bruicts ne sont pas du tout vray, aussi ne sont pas du tout faux.*

3. On peut aussi pour la preuue de ceste affirmatiue repeter les raisons cy dessus alleguées au nombre 3. 4. & 5. Car en ce qu'ils changent & transposent leurs noms, en ce qu'ils desguisent leurs annees, en ce que, par leur confession mesme, ils viennent sans se faire cognoistre, il n'y a Logicien qui puisse nyer que necessairement il faut qu'ils soient en nature.

Aduertissement.

Voyez l'aduis qui sera cy dessous donné au chapitre suiuant.

II. Quels ils sont.

EN ce lieu pour l'abondance de la matiere, il ne sera poinct mal à propos de faire vne subdiuision, & premierement parler de leurs estudes; en apres de leurs richesses; en troisiesme lieu de leurs peregrinations; en quatriesme lieu de leur religion; & finalement quelles gens ils prennent pour leurs compagnons, &c.

I. De leurs Estudes.

L'opinion negatiue.

ON pourroit dire que ces freres n'estudient point, par ce qu'ils prennent plaisir à beaucoup voyager, comme ceux mesme qui se disent de la Société en demeurent d'accord expressement; & mesme celuy qui depuis peu de temps a souscrit son nõ B.M.I. Or ce verset est vulgaire tiré des entrailles de la nature humaine, qui dit:

Pluribus intentus minor est ad singula sensus.

Voire à ce mesme sens peut on r'apporter cet ancien verset ;

Non fit hirsutus lapis hinc & inde volutus.

2. On pourroit aussi nier qu'ils s'adonassent aux sciences liberales, par ce que selon le Poëte Ouide.

Carmina secessum scribentis, & otia quærunt.

A ceste fin les anciens ont dit HOC AGE: pour faire entendre, que personne ne doit quitter ny se distraire de ses propres affaires pour se mesler de celle d'autruy. Or ces compagnons selon la publication qu'ils en ont faite se meslent de beaucoup de choses, & ont grand soin des affaires d'autruy. Et à ceste fin pour descouurir toutes choses, il y a apparence & approche de la verité qu'ils entreprennent tant de voyages & peregrinations.

3. Les Estudes ne s'acquierent que par grandes veilles & trauaux, selon le dire du Poëte.

Multa tulit, fecitque puer, sudauit & alsit.

Mais ces gens cy ne peuuent pas employer beaucoup de temps à apprendre les sciences, par ce qu'ils n'ont pas la commodité de demeurer long temps en vn certain lieu. Car selon leur profession ils craignent les Catholiques Romains : & n'y a rien qui resiste a cela, sinon qu'ils ont soing d'espandre leur renommée clandestinement, & par personnes interposées. Ce qui toutesfois ne semblé pas estre practiqué, s'ils auoient crainte de ceux ausquels ils se donnent à cognoistre par leurs escrits: mais ce doubte s'esclaircira par ce qui ensuit.

4. D'ailleurs il ne semble pas que ces gens prennent grand peine de s'estudier aux Arts liberaux, veu qu'ils enseignent & s'adonnent grandement à l'Alchimie, & à la maniere de faire l'or, voire à l'or mesme: Or de ceux qui prennent plaisir & s'occupent à l'estude, Senecque dit, ou qu'ils sont pauures, ou qu'ils le deuiennẽt: & ce afin de n'estre point distraicts de leurs pensees & Meditations. Et certainement nous voyons que les plus doctes, & les plus grands Philosophes ont esté si ententifs à leurs estudes qu'ils ont du tout mesprisé l'or. Aussi le naturel de tous les hommes est tel, que ceux qui sont les plus releuez ne peuuent en vn mesme temps vacquer à l'estude des bonnes lettres, & à amasser des richesses. Pour laquelle consideration & afin que le peuple ne fut diuerty des plus honnestes exercices, anciennement les Legislateurs ont banny l'vsage de l'or & de l'argent, par ce que l'amour da l'argent & de l'honnesteté ne peuuent cõpatir ensemble. Auquel sens (pour le mieux expliquer) l'Escriture Saincte dit, qu'on ne

sçauroit

sçauroit, seruir à Dieu & à Mammon.
5.) Apres, on peut dire que ces frères n'estudient point, parce qu'en tous leurs escrits ils parlent obscurement. Or l'obscurité est vne marque ou d'ignorance & imperitie, ou d'enuie. Si donques ils aymoient l'estude, & desiroient seruir au public par le moyen des lettres, sans doute ils se feroient entendre, & vseroient de mots intelligibles & receus par l'vsage. Ce que ne faisans point, on n'en sçauroit induire que le contraire.

6. Sert à ceste opinion negatiue, que (comme il sera monstré cy apres) ces compagnons se vantent de sçauoir presque toutes choses. Or tout ainsi qu'on dict que celuy qui habite par tout, n'habite en aucun lieu, pourueu qu'il se recognoisse estre homme, ainsi est de celuy qui desire tant sçauoir. Et de là vient aussi ce qu'on dit, De chasque chose vn peu, & de tout rien. A quoy se r'apporte le Prouerbe Allemand: *il ne se dit rien qu'il n'en soit quelque chose*, d'autant qu'il ne peut tomber en la perfection de la nature humaine, qu'vn seul & mesme homme puisse tout faire: tout ainsi que l'Empereur Iustinian attribuë la memoire de toutes choses à la diuinité, & en ses loix ciuiles dit que les mortels en sont incapables.

7.) On ne peut croire qu'ils estudient, parce

B

qu'entre eux, il n'y a aucun salaire proposé pour les estudes, nul acte de leur promotion. Or le naturel des hommes estant tel, qu'ils sont attirez à l'estude par les honneurs & recompenses, (à ceste fin les Academies ont esté instituées, ausquelles les honneurs sont deferez aux plus diligents & laborieux) il est grandement probable de conclurre pour la negatiue, puisque ces gens n'ont & ne demeurent en aucune Academie ny Eschole priuilegiée.

8. Et à propos de ces Academies, on peut encore defendre la negatiue, en ce que si ces freres sont plusieurs en nombre, en effect ils seroient tenus d'estudier ensemble ce qui est de leur profession, assister à mesmes leçons & lire de mesmes liures. D'où s'ensuiuroit, que facilement on pourroit obseruer quels seroient ces liures dont ils vseroient, principalement pour la rareté d'iceux. Car il est sans doute qu'il faut qu'ils vsent de liures qui ne sont par receus ou entendus en tous lieux. Et au contraire, depuis le temps qu'on parle de ces gens là, ils eussent mis en lumiere quelques escrits singuliers & d'eslite par lesquels on eut peu cognoistre la viuacité de leurs esprits, & en fust venu quelque profit à ceux qui les eussent appris. Ce que n'ayant esté faict on

peut vray-semblablement conclurre pour la negatiue.

L'opinion affirmatiue.

Mais aussi on peut r'apporter plusieurs raisons pour l'affirmatiue: & ne sera point perdre le temps d'en considerer quelques vnes.

1. Et premierement le bruit qui court d'eux en rend tesmoignage: auquel encores qu'il ne faille pas adiouster tant de foy que les plus simples se persuadent, toutesfois par iceluy peut on coniecturer qu'ils prennent quelque plaisir à l'estude. Car, selon le dire du Philosophe, qui est celuy en ce monde qui ne se delecte à sçauoir quelque chose?

2. En apres il se trouue des escrits de ceux, qui apres auoir appris quelque chose en ont voulu acquerir la perfection, & se sont proposé ce but, qu'aux langues Hebraïque, Chaldaique, Syriaque, Arabique, &c. En la langue Latine, Italique, Espagnole, Françoise, &c. Esclauonne, Alemande, Flamande, &c. on composast des Grammaires, Dictionaires Gramaticaux & Alphabetaires, Nomenclatures des choses, Colloques &c. par vne bonne harmonie & symmetrie. Puis ayant acheué

B ij

les langues, qu'on dreſſaſt auſſi problematiquement & par methodes les ſciences du droit Ciuil, Feudal, Canonique &c. la Medecine Galenique, Hermetique, &c. la Philoſophie d'Ariſtote, de Ramus, &c.

Quand à ce qui eſt de la Theologie nous n'en ferons point icy de mẽtion: car il aſſouſtis qu'elle eſt ſon intention, qu'il l'a ſouuent dict, & qu'il s'eſt obligé à Dieu comme par voeu à l'apprendre, & ne deſiſter iamais, (s'il vit & que ſa ſanté le permette) qu'auec l'aide de Dieu il n'en ait acquis la cognoiſſance. Dequoy il ne ſe deſeſpere pas, quoy que ſoit, ne t'en enquiers malicieuſement * ne le peux tu pas dire, cet homme eſt reformateur de toutes langues & de toutes facultez.

3. De plus les autres eſcrits teſmoignẽt qu'ils ont deſſein apres leur retour de traicter à bon eſcient de ce qui concerne la Philoſophie, a la Medecine, & nouuelle edition du Corps de Droict: tellement que par cela, & autres choſes ſemblables il appert, que ces Compagnons preſument au moins de reduire en ordre generalement toutes les langues, (principallement celles qui ſont en vſage vers la Pologne & les pays du Turc) & toutes les ſciences & facultez, toutes leurs actions meſmes, & tout ce que la nature humaine peut ſouffrir.

Car combien que presque tous demeurent d'accord que les arts & les langues peuuent estre traictées & enseignées par vne certaine methode plus facile & plus compendieuse: c'est toutesfois vne folle & vaine presomptiō de s'attribuer la cognoissance de toutes choses & sciences: veu que chacune science requiert bien vn homme tout entier, tel qu'il soit, encore que peut estre dans le general il puisse acquerir la cognoissance d'vne autre faculté. Mais de cela, nous en parlerons plus amplement cy apres.

4. A cela faict, que pozé qu'ils ne frequentent aucune certaine Eschole de leur Ordre & Profession, pour le moins ont ils le coeur à l'estude, puisqu'ils hantent les autres Escholles & Academies, ou ils estudient, ou ils ont jecté leurs premiers fondemens, ou ils s'instruisent tant par liures & precepteurs muets, que de leurs viues voix.

De sorte qu'en quelque partie, iusques à maintenant ils ressemblent aux Anabaptistes, lesquels encores qu'ils ne se veüillēt point peiner d'apprendre les lettres, mais qu'ils reduisent les doctes conuertis, ou faicts Anabaptistes à apprendre les Arts mechaniques: cependant toutesfois si quelque homme docte vient pardeuers eux, ils presentent & mettent en ieu ceux qu'ils pensent estre les plus sçauãs d'entr'eux, comme il s'est practiqué aucunes fois pendant les voyages de nobles personnes I. B. & H. G. K. auec leur Precepteur, & plusieurs autres.

5. Qu'ils prennent plaisir à l'estude, non seulement on le peut recueillir de ce qu'auec tant d'artifice ils sçauent transposer, voire mesme changer leurs noms, s'ils escriuent les vns aux autres: mais aussi de ce qu'ils attirent à eux les doctes hômes de toutes parts qu'ils peuuent: comme depuis nagueres ils ont attiré vn certain homme de l'Eschole de H. sous quelque pretexte: lequel toutesfois respondant à vne lettre qu'on luy auoit escrite, expressement a mandé qu'en ceste espece d'hommes il luy sembloit que ce n'estoit que les affaires des Anabaptistes.

6. D'ailleurs qu'ils soient gens lettrez, il se peut verifier en ce que ceux qui en leurs quartiers ont la commodité d'apprendre, ne la negligent pas entierement, si nous en considerons l'exemple, auquel vn quidam lequel sous pretexte de vouloir apprendre, est venu à B. M. pardeuers quelques gens doctes en l'Vniuersité, & present à conferé auec des Theologiens, des Iurisconsultes & autres personnes qui auoient grande coghoissance des lãgues

Bien plus: car il a entretenu H. T. & autres à ses frais & despens à ceste fin & intention de luy enuoyer quelque leçons escrites de mot à mot pour s'informer & s'instruire.

7. Dauantage, on pourra presumer qu'ils estudient, si l'on considere qu'ils viennent souz pretexte d'apprendre, comme celuy lequel estant acertené de quelques estudes, asseura que le Magistrat promettoit vn grand & ample salaire: mesme pour le faire attendre, luy donna pour ses fraiz & despens, vne somme d'argent au nom du Magistrat. En apres il luy dict que le magistrat auoit dilayé l'effect de ses promesses pour quelque temps, adiouftât que cependant on luy donneroit ce qui luy estoit necessaire pour viure honnestement. Partant qu'il ne falloit pas tant presser pour auoir ce qui luy estoit promis, & qu'il estoit plus à propos d'attendre que les Superieurs s'en rassouuissent d'eux mesmes.

Bref, quand il eut recognu que cet homme estranger y estoit tellement enueloppé, qu'il ne s'en pouuoit pas aller librement, l'ayant asseuré de la part du Magistrat lequel il voyoit souuent, dict qu'il auoit traicté de tout cela, que la promesse de ces amples gages estoit asseurée, & se constituoit respondant iusques à mille, que tout luy succederoit ainsi qu'il le pouuoit desirer & comme il luy auoit promis, comme de ce il appert par quelques escrits : en sorte qu'il est demeuré en doute comment le tout se seroit passé.

Declaration de l'opinion negatiue.

QVe si l'on espluche diligemment ce qui a esté mis en auant pour l'opinion negatiue, il semble qu'il y a responce suffisante à aucunes choses par celuy qui adhere au bruit qui en court. Et premierement à ce qui concerne leurs voyages & peregrinations, ils disent qu'elles doiuent estre moderees : & à ce regard non seulement ils n'empeschent point les estudes, principalement celles qui gisent en practique, mais ils y profitent beaucoup: d'autant qu'en voyageant, nous voyons de nos yeux toutes les choses presentes que nous auions seulement leuës auparauant: en voyageant les langues s'apprennent, &c. Et quant à ce qu'on dict qu'ils sont distraicts par le soin & curiosité des affaires d'autruy, ils disent, que cela ce doit entendre auec la moderation dessusdicte. Et croyent que c'est ce que le Poëte a voulu dire :

Fœlix quem faciunt aliena pericula cautum.

Auec plusieurs autres choses semblables qui
se

se peuuent rapporter à ce propos.

Pour le regard du troisiesme poinct qu'on allegue pour l'opinion negatiue, qu'ils ne se trauaillent pas beaucoup aprés les sciences, ils la nient tout à plat. Au contraire, comme il a esté touché cy-deuant, s'ils n'auoiët point de propre eschole, ils se font forts s'il se presente vne commodité ailleurs, & d'estudier, & de pouuoir conferer auec les plus sçauans.

Auec la moderation & distinction telle qu'elle a esté recitee cy-dessus, ils veulent qu'on entende aussi ce qui leur a esté objecté pour le quatriesme poinct, comme s'ils abbayoient aprés les richesses. Car personne ne voudroit nier que mesmes és choses qui sont au plus bas degré, l'imbecilité humaine s'y porte auec diuerses affections.

Ce qu'on rapporte pour la cinquiesme objection, est plus grand & plus fort, à sçauoir, qu'ils parlent obscurement: laquelle obscurité est vne marque de leur ignorance, ou de leur enuie. A laquelle raison ils respondent, s'ils veulent, conjointement, aprés en auoir bien pesé l'affaire. Cependant, iusques auiourd'huy leur excuse a esté, que de parler plus clairement,

C

ce seroit côtre leurs principes, & que d'ailleurs ils se craignent des Catholiques. En après, quant à ce qui est de la sixiesme raison, à sçauoir, que desirans sçauoir toutes choses, en effect il n'appert point qu'ils sçachent rien: on dict qu'ils respondent que desirans estre parfaicts en vne chose, ils ne veulent aux autres sçauoir que leurs maximes generales, afin que sur la proposition d'vne question, sur les raisons apportees de part & d'autre, ils en puissent d'autant plus facilement iuger. Cette excuse pourroit engendrer du scrupule à quelques vns : combien qu'il y en ait qui s'imaginent de pouuoir acquerir la perfection en toutes choses.

Pour venir au septiesme poinct, qu'on dict qu'entr' eux il n'y a point de récompense proposee à ceux qui estudient : ils respondent, que si les salaires ne sont tels entr' eux, qu'aux auttes escholes il ne s'ensuit pas qu'il n'y en ait point du tout. Mais bien dauantage, ils soustiennent qu'ils peuuent meriter, & obtenir les récompenses qui sont promises aux autres Vniuersitez; ce qu'ils disent pour plus aisément attirer les plus simples à leur secte.

Bref, pour le regard des liures d'vne forme & particuliers, ils afferment qu'on les peut auoir selon la diuersité des lieux où ils sont. Ioinct qu'ils asseurent n'auoir pas beaucoup affaire des liures imprimez, parce qu'ils vsent de leurs Epitomes & abbregez: & que d'ailleurs ce sont eux qui doiuent reformer tous les arts & sciences; & ce, eu égard à la diuersité d'icelles, comme nous verrons cy-après.

ADVERTISSEMENT.

SI nous examinons de pres tout ce que dessus, comme des-ja il a esté examiné par plusieurs sçauans hommes, qui ont aussi estimé que toute cette affaire se rapporte à la secte des Anabaptistes, tout reuient à ce poinct, que ceux là veritablement en sont, qui se sont donnez vn tel bruit. Or par ce qui ensuit on pourra voir quelles gens ce sont. Et certainement il peut aduenir icy, ce qu'autres-fois est arriué au Monastere de K. où vne fille de noble maison A. H. auoit contracté amitié auec vn certain homme, soubs esperance qu'elle auoit de l'espouser. Doncques, afin de communiquer leur affection l'vn à l'autre, par vne commune intelligence ils se

C ij

forgerent vn chiffre de lettres & figures incogneuës, duquels ils vserent aux lettres & missiues qu'ils s'entrescriuoient. Mais vn certain iour il aduint que telles lettres furent renduës à vne, à laquelle elles ne s'addressoient pas: ainsi elles coururent de main en main par tout le Monastere, & chacune confessoit ne cognoistre rien à telle maniere d'escrire, & denioyent qu'elles s'addressassent à elles: entre autres principalement celle à qui elles estoient addressantes, qui en faisoit l'estonnee (apres toutes-fois les auoir leües) & les rendit auec grande admiration, d'vne telle façon d'escrire. De mesme, quand semblables lettres sont presentees à ces compagnons, ils s'enquierent premierement de la personne qui l'apporte, quelle elle est, d'où elle vient, si c'est de la part de quelqu'vn de leurs compagnons, & de quelle Religion il est. Que s'ils entrent en quelque defiance, ils ne reçoiuent point les lettres, ou du moins ils desguisent les matieres, comme si c'estoit chose qui concernast d'autres personnes qu'eux, pour tousjours descouurir s'il n'y a rien de caché là dessous, & puis apres auoir leu les lettres ils les rendent. Et neantmoins ils ont accoustumé de faire quelque gratieuseté au porteur des lettres, soit qu'ils les reçoiuēt ou non : afin que par ce moyen on parle bien d'eux, encores qu'ils n'aduoüēt point estre ce qu'ils sont. Car ils sçauent bien, & l'experience journaliere fait assez cognoistre que les enfans mesmes estiment vn souuerain bien que d'auoir de l'argent.

Il ne faut pas obmettre vne chose qui aduient souuent, & qui depuis quelques annees mesmes est aduenuë en la ville de Franc-fort en cas semblable, d'où est venu le prouerbe d'vn monstre & chose esmerueillable, telle qu'on n'a iamais auparauant rien veu de pareil : Quelqu'vn a-il veu le Cancre ? Tous ceux qui auoient jà esté trompez demeurans muets.

Quant aux sciences & arts liberaux, qui est l'homme qui luy seul soit iamais venu à bout de toutes choses ? L'imbecillité des hommes n'a iamais peu atteindre à cette perfection. Qui est celuy qui sans confusion ait oncques peu parler la langue Latine, Italienne, Espagnole & Françoise ? Car de là vient que plusieurs Italiens & François (ils me pardonneront s'il leur plaist) parlent fort-mal Latin, car ils y meslent tousiours des termes de leur langue maternelle, à cause de l'affinité qui est entr'elles. De là vient aussi que nos Dictionnaires croissent & s'augmentent tous les iours par la multitude des dictions estrangeres que l'on y adiouste. Et lisez ce qu'aura escrit le plus sçauãt homme, il ne se peut faire que vous n'y trouuiez tousiours quelque mot de son pays entremeslé. Car la memoire est labile, & ne sçauroit retenir toutes choses auec leurs differences. Et puis la langue Latine de soy est telle, que pour parler auec elegance, il y faut employer maintes années. En l'Vniuersité de M. VV.M. disoit vn iour, entre autres choses, qu'il plaignoit la condition d'vn homme qui parloit elegamment Latin, & en stille de Ciceron. Et estant enquis pourquoy il disoit cela ? Il fit responce ; Que c'estoit vn signe qu'il n'auoit iamais appris autre chose en toute sa vie que langue Latine. Il s'en trouue quelques-vns qui sont assez prompts à parler diuers langages : mais ceux qui en ont l'artifice, si vous leur en demandez leur aduis, ne font point profession, ou du moins s'ils ont quelque erudition plus solide, ne traictent rien autre chose que les langues, en sorte qu'en tout le reste ils ne sçauent rien du tout, ou n'en ont que la superficie : sans dire qu'auec le temps, & par faute d'exercice journalier, & la memoire venāt à leur diminuer, beaucoup de choses se perdent, ou tombent en confusion. Dites-moy, ie vous prie, qui est l'Allemand qui puisse si parfaictement deuiser auec ses voisins, que souuentes-fois il ne répete vne mesme chose, & die les mesmes mots, s'il ne veut vser de circunloquutions ? Car l'exercice de la langue consiste principalement en ce poinct, qu'aussitost que quelqu'vn a mis fin à son dire, les paroles, comme vn coup de harquebuze, entrent dans les oreilles de celuy qui escoute, & sont de luy entenduës : autrement on recognoist aussi-tost qu'il y a quelque defaut. Nous parlons maintenant des peuples, qui nous sont voisins, & non pas des nations esloignees. Car que penseriez-vous qu'il aduint si vous commettiez ensemble vn qui seroit du pays de Suisse, de Vestphalie, de Suaue, &c. Si donc il est ainsi en la langue maternelle, n'en iugerez-vous pas de mesme aux autres langues ? Laquelle perfection, & pour dire qu'vn homme les puisse toutes également bien entendre (c'est à dire, en quoy consisto l'art & l'vsage de la langue, pour dire à ce regard, qu'il faut parler auec plusieurs & se resoudre auec peu) il n'y a personne qui se puisse vanter de l'auoir obtenu. Seneque disoit, qu'il faut apprendre les choses necessaires & profitables, non tant pour en deuenir plus docte, que pour estre plus homme de bien. Or on ne faict point de doute qu'auiourd'huy les sciences se peuuent plus succinctement enseigner & apprendre, qu'elles ne faisoient par cy-deuant, de maniere qu'vn bon Philosophe & disputeur, qui aura esté bien instruict par des abbregez & epitomes, peut dans trois mois profiter en telle sorte, qu'il peut monstrer auec loüange, selon le temps d'auiourd'huy, vn eschantillon de son sçauoir, & neantmoins pour cela ne peut il encore aucunement estre appellé parfaict. Car y a il rien plus triuial que ce Verset.

Solus & artifices qui facit, vsus erit.

Que si l'on dict cela d'vn homme qui se mesle de disputer, & qui est de bon aage, que dira-on des enfans, lesquels bien qu'ils puissent estre instruicts en peu de temps, pour aucunement paroistre en quelque sciéce, encor desire-t'on l'exercice en eux, lequel s'il est intermis, en bref tout ce qui
faisoit

faisoit monstre auparauant, s'esuanoüit.
Le mesme peut-on dire du fromét, lequel
estant jetté en terre, dône belle esperance,
si peu apres on le void reuerdir. Mais encores
n'est-ce pas assez, car il nous faut
attendre le cours de Nature, & le temps
auquel les fruicts deuiennent en maturité.
Autrement & sans cela, & que le grain
manque de ce qui luy est necessaire, ou si
on faisoit paistre les bleds verds, nous n'aurions
que faire d'attendre la moisson. Il y a
bien plus, car vn ieune homme pourroit
bien apprendre le mestier du Pasticier, ou
Boulenger, lequel s'il a encor les bras foibles,
sera contrainct d'attendre iusques à
ce qu'il soit plus fort & robuste pour exercer
ce mestier.

Toutes-fois nous ne disons pas cela par
mespris de la voye plus courte & abbregee
d'apprendre les sciences compendieusement
& par epitomes, mais afin que nul
ne se glorifie, comme s'il pouuoit dans vn
temps fort brief, atteindre la perfectiõ entiere
des bonnes lettres. Les Epitomes sont
bons, mais tous seuls ils n'y peuuent suffire.
En apres, il est aussi requis qu'vne seule
& mesme chose soit traictee vne fois, afin
que par ce moyen les forces de l'esprit &

du iugement soient vnies : puis cela estant appris & bien cogneu, on passe aux autres par vn ordre successif : auec cette regle neantmoins, que l'on s'addonne principalement à vne seule estude. Par ainsi, ce ne sera pas chose impossible que quelqu'vn excelle par-dessus les autres en quelque sciéce, & tout ensemble qu'il sçache quelque chose generalement aux autres, & ait cognoissance des preceptes generaux de quelques langues, mesme qu'il les puisse entendre en partie, desorte que si on en demande l'artifice, il se puisse honnestement excuser. Et cet aduertissement suffise pour ce qui est des sciences liberales en general : à quoy on pourra joindre ce que nous dirons incontinent apres.

II. De leurs Richesses.

L'opinion negatiue.

ON pourroit nyer aucunement qu'ils soient riches, parce que (comme il a esté dict cy-dessus) ils viennent sans estre cogneus : & la presumprion est, qu'ils le font par espargne, & pour diminuer leurs fraiz. Car ils vont & viennent çà & là comme gens incogneus: Ils vont conferer auec les gens doctes, sans se dôner à cognoistre: là ou s'ils estoient recogneus pour gens riches & accommodez: ils seroient mieux traictez és hostelleries, & plus honnestement receus par ceux qui font profession des lettres, comme gens qui sont vrais Philosophes & Orfevres.

2. De cela on peut tirer l'opinion negatiue, que iusques à present ils n'ont mis en lumiere aucun liure de leur science, religion, ny de leurs beaux faicts, veu toutesfois que leur desir est grand de promouuoir leur secte. Car si ainsi estoit, plusieurs se proposerolent le gain. Pour euiter ce danger, ou croyroit qu'ils se cachent en guise de hiboux.

3. On pourroit aussi dire qu'ils sont paures, en ce que s'ils estoient tels qu'ils se vantent pour l'art d'Alchimie, ils pourroient enrichir plusieurs Estats de l'Empire, & par le moyen de leurs bien-faicts les obliger à leur manutention contre leurs aduersaires, si aucuns ils en ont, pour n'estre point par eux inquietez ou molestez. Adioustés que la sciéce de laquelle ils font profession, s'estend iusques là, qu'ils se pourroient garantir & obuier à beaucoup

D ij

de maux, si vous leur attribuez la perfection telle qu'ils veulent. Puis donc que par ce moyen ils ne s'obligent personne, il est croyable que ce manquement vient de leur pauureté & ignorance.

4. Qu'est-il besoin de plus? Ne sçait-on pas bien que l'argent est le Roy du monde? Que si (dira quelqu'vn) ils promettent les richesses & la santé du corps dans l'Alchimie, & la cognoissance de toutes choses à perfection, & peuuent accomplir ce qu'ils promettent, pourquoy en vn moment n'executent-ils leur dessein, comme ils le desirent, veu que selon le Prouerbe Grec, La tierce partie du monde est à vendre.

5. Ce qui confirme la negatiue, est que ces Freres n'ont point encores fait preuue de leurs richesses, iusques là, que les richesses estans de faict, on ne les doit en façon quelconque presumer.

6. Sert encore à ce propos, combien que R. S. ait escrit qu'il enseignera des moyens par lesquels on pourra facilement despenser 450. ou 500. florins, & encor en aura-on de reste pour se resiouyr: neantmoins luy-mesme est demeuré insoluable, & sans doute il s'est trouué destitué de l'art &

des moyens desquels il s'estoit vanté.

Opinion affirmatiue.

AV contraire, on pourroit tirer quelque preuue de leurs richesses par ces exemples, comme quand ils ont enuoyé quelques-vns de leurs escrits aux Imprimeurs pour les mettre sur la presse, ils ont par mesme moyen mis quelques pieces d'or dans leurs lettres, comme chez B. & autres, encores que les coppies qui sont de bonne vente non seulement ont de coustume d'estre imprimees gratuittemét, mais les Imprimeurs en donnent quelque récompense aux Autheurs. Et cela ne se peut faire sans auoir des richesses, & de l'or à commandement.

2. Nous en auons des exemples à S. T. & ailleurs, où quelques pauures gens leur ayans porté des lettres, en ont receu des presens, en sorte qu'on peut dire qu'ils s'en sont trouuez quelques-vns beaucoup plus liberaux que les autres. D'où l'on peut inferer qu'il n'y a point de pauureté, mais vne grande abondance en eux, mesme quand ils ne reçoiuent point les lettres, sans regarder si elles s'addressent à eux ou non.

3. Il faut croire qu'ils sont riches, dautant que non seulement ils donnent (comme il a esté dict) mais ils entretiennent certaines personnes à leurs despens aux Vniuersitez à certaines fins, entre lesquelles on peut mettre celuy qui est chez D. H.

4. On pourra encores soustenir l'opinion affirmatiue, par ce que tout ainsi que ce que l'vn sçait, aussi tous les autres le sçauent: aussi ce que l'vn a, est commun à tous les autres : tellement qu'il se remarque entre eux vne communion, comme entre amis. Et il y a tel endroict où l'on a emprunté douze mille imperiaux, qui ont esté distribuez à secourir les paures, encores que pour leur pauureté ils n'ayent peu donner aucun gage ny asseurance: & que ceux qui les distribuoyent sçeussent bien que ceux à qui on les bailloit n'eussent pas moyen de les rendre.

5. Il est d'ailleurs vray-semblable qu'ils ont des richesses, en ce qu'ils ont fait vne si grande entreprise, de vouloir reformer tout ce monde: de laquelle on peut dire ce qui est en la guerre ; Que l'argent est le nœud de toute l'affaire.

Declaration de l'opinion negatiue.

Que si l'on vient à examiner ce qui a esté dict peu auparauant, ceux qui s'attachent à leur renommee, y pourroient donner quelque solution. Car à ce qu'ils viennent sans se faire cognoistre, on dict qu'ils le font pour certaine consideration, afin qu'en presece ils puissent voir à l'œil, & considerer toutes choses, & afin qu'il ne leur aduienne en leurs voyages s'ils n'estoient bien aduisez, & qu'ils voulussent s'employer eux-mesmes à experimenter toutes choses, ce que dict le Prouerbe Allemand. *Il est aisé de promettre, & mal aisé d'effectuer.*

Et à ce qu'on dict qu'ils ne se soucient pas d'imprimer des liures, & en diuerses langues, cela semble meriter son excuse. Que ce qui est differé n'est pas perdu. Et puis en vne affaire de si grande importance, il faut deliberer long-temps ce qu'il faut arrester vne fois. Beaucoup de gens so meslent d'escrire, & les boutiques des Libraires sont remplies de liures. Il y a de la faute de tous costez.

Et quant à ce qui regarde l'Alchimie, par le moyen de laquelle ils se pourroient obliger les plus grands Estats en bien faisant. Il faut considerer, que ce seroit faire contre les principes de cette science, qui en defendent la communication: & que c'est la fortune qui la reuele à chasque indiuidu: en sorte que ceux qui la reuelent, eux-mesmes, à cause de ce, sont priuez du benefice de cet art.

Passant au quatriesme poinct, qui dict que l'argent est le Roy du monde. Il est de mesme poids & valeur que le precedent, sinon que outre plus la benediction de Dieu y est requise.

Pour le regard du cinquiesme, que les richesses sont de faict, & qu'il n'y en a eu point encores de preuue: il faut considerer qu'elles doiuent estre prouuées par ceux que toutes les circonstances declarent estre pauures. Que si les circonstances vous pressent au contraire, comme si quelqu'vn marche vestu de soye, & d'habillements de grand prix, s'il porte vne chaisne d'or, ne le presumerez-vous pas plustost estre riche que pauure? Dauantage, ne presumerez-vous pas ceux-là estre riches, qui sont vrayement Philosophes, & qui ont ozé entreprendre vne grande reformation de tous les arts

&

& sciences? Adioustez-y les tesmoignages de ceux qui par escrits publics ont certifié de cet art, que seule elle peut donner autant de richesses, que pourroient faire plusieurs Seigneuries & Principautez, dont il y a infinité de liures escrits en diuerses langues.

ADVERTISSEMENT.

Toutes ces choses pourroient estre mises en auant, comme probables. Mais si nous y prenons garde de prez, il aduiendra ce que nous auons cy-deuant rapporté du Cancre. Il y en a eu plusieurs liures escrits, & aussi plusieurs seduicts & trompez par iceux, & en pourroit-on nommer plus d'vne centaine en diuers endroicts du monde, à S. P. S. H. O. &c. qui tous ont esté reduicts à mendicité, & nul d'eux n'a peu obtenir cet vniuersel qu'il auoit esperé. Tout au contraire, il est impossible qu'vne substance soit conuertie en vne autre substance, encore qu'on puisse alleguer quelques raisons, pour rendre vne chose vray-semblable. Car en cette affaire, les raisons ny les paroles

E

n'operent rien, mais la preuue des choses & les effects y sont requis. Car il y a bien de la difference entre la chaleur naturelle & l'artificielle, non seulement en l'homme, mais aussi hors l'homme, aux bestes brutes & aux corps inanimez. Car tout ainsi que nul ne sçauroit remettre la chaleur naturelle en vn corps mort, par quelque art que ce soit : & que tout ainsi que ny les raisins, ny aucun arbre ne sçauroient estre créez par vne chaleur artificielle, encores que la Nature puisse en quelque maniere estre aydee par l'art, autant en est-il des autres creatures & autres choses, d'autant que la chaleur naturelle est bien plus subtile que la chaleur artificielle. Et d'ailleurs, on tient que l'art imite la Nature, mais elle ne la peut pas surmonter : & si l'art ne peut atteindre à vne telle perfection que faict la Nature. Considerez que les hommes & les bestes brutes sont engendrez du sang, & qu'il n'y a si subtil ouurier qui peust substituer vn autre sãg que celuy qui est preparé par certains vaisseaux, encores qu'il fust du mesme corps. Pourquoy n'en direz-vous pas autant des choses inanimees ? Et combien qu'il y en ait plusieurs qui ont faict des liures de cetce matiere, ils en ont parlé si obscurément, qu'il leur faudroit pour se faire entendre non pas vn, mais mille Interpretes. De plus, on voit non tant par leur obscurité, que par toutes les circonstances & par effect, qu'ils ont bien autre intention que celle qu'ils ont faict paroistre dés le commencement. Car ils esperent de paruenir en second lieu à la fin à laquelle premierement ils ne sçauroient atteindre : autrement, ny en bonne conscience ils ne sçauroient s'en defendre. On pourroit en alleguer vn exemple d'vn B. M. qui depuis quelques annees appella vn sien amy, & luy persuada de s'en aller ailleurs, luy ayant escrit plusieurs lettres, & particulierement l'ayant pressé & importuné, au moins de venir vers luy, quand bien il ne voudroit accepter les offres qu'on luy faisoit : desorte que l'ayant induict en grandes prosperitez, encores se vantoit-il d'auoir faict grand plaisir à ce N. M. Car ils ne deuoient rien escrire du tout, comme à ce qui a esté dict cy-dessus, s'ils auoient enuie de profiter. Que s'ils sont ignorans ou enuieux, comment pourront-ils nuire aux autres auecques bonne conscience, sinon que dedans la mesme chose ils cher-

E ij

chent quelque conscience, par ce qui sera dict cy-après, en parlant de leur Religion.

Et combien qu'ils repliquent que leurs principes sont au contraire, selon lesquels personnne ne sçauroit enseigner à vn autre cette science secrette, comma peut-elle estre commune entre tous les Freres, sans nul excepter? Tout bien est de soy communicatif, & ce seroit vn moyen de contenter vn chacun: & l'or ne seroit mis à si haut prix que nous le voyôs auiourd'huy; mais au contraire, tout ainsi que l'argent est plus vil que l'or, & l'or que les vertus, aisi l'or seroit plus vil que le iaspe, selon que porte ce verset.

Auro quid melius? iaspis: quid iaspide? virtus:
Quid virtute? Deus: quid Deitate? nihil.

Toute abondance auec le temps ennuye, & engédre mespris, & cela pourroit aduenir de l'or, en sorte qu'à la fin les autres choses seroient en plus grande estime que l'or. Bref, toute l'affaire semble viser à ce but que, nonobstant ce qu'a escrit ce grand & noble personnage Iean Batzner, il se trouue vne fontaine en Hongrie, en laquelle les fers des cheuaux prennent la couleur de l'or, encore toutes-fois la perfection de la Nature est plus grande que celle de l'art : excepté que par ce moyen les fers ne deuiennent pas or.

Bref, cet vniuersel qu'ils cherchent, il ne le pourront que tres-difficillement obtenir, entant que l'homme depuis sa cheute, ne peut paruenir à cette perfection, en estant empesché par sa propre imbecillité : mais on pourra dire auecque plus de verité, que les Monnoyeurs, & ces Hostelliers d'Italie & d'autres païs, auront plustost acquis cet vniuersel, qui aucunes-fois nourrissent de jeunes enfans en leurs maisons, qui rançonnent leurs hostes, lesquels si Iean Eugelbrecht continuë d'imiter ses hostes. ***.

Or que ces escriuains ayent vne autre intention, on le peut recueillir de ce que tous ceux qui principalement s'addonpent à cét estude, doiuent necessairement craindre de tomber dans les pieges de Satan. Il y a vn D. I. qui d'vne seule emplastre s'efforce de guerir plusieurs playes. Mais quoy que ce soit : & posé que tout luy succede heureusement, si est-ce qu'il n'obtiendra pas la meilleure partie de cét vniuersel. Que dirons-nous dauantage? Ils promettent à ceux qui sont à leurs gages tout autant qu'ils voudront, & toutes fois quand ils se mettent à voyager, ils sont curieux de se bien vestir? & s'ils ont soing de ceux qui en ont plus qu'eux, qu'en peut-on inferer?

III. De leurs Voyages & Peregrinations.

IL est constant par les escrits de ces Freres qu'ils font des voyages, & desia cy-deuant nous en auons dict quelque chose: mais on peut demander auec raison, s'ils le font par plaisir ou par necessité? il est vray qu'ils desirent la conuersation auec les gés doctes, l'exemple de E. VV. B. M. I. & d'autres en faict foy, non point tant afin d'apprendre quelque chose d'eux, que pour les attirer à eux par persuasions & belles promesses. Car par ceux qui sont salariez d'eux ils les attrayent, & recueillent les labeurs d'autruy à leurs intentions. Certainement, si l'on y prend garde de pres, ils semblent estre des espions, & gens curieux, qui se soucient des affaires d'autruy. Autrement, tous ceux qui voyagent, sont distraicts, & ont soing de leurs affaires domestiques; & pour ce ne peuuent-ils acquerir la perfection, ny executer ce que peuuent faire les autres, qui plus heureusement ont moyen de continuer leurs estudes. Mais que dirons-nous de ceux-cy? Ces compagnons se vâtent d'estre riches, & tres-parfaits aux langues & sciences, mesmes en voyageant. Que s'ils ont parlé vne ou deux fois auecques quelqu'vn, feignans vn faux pretexte, disent qu'ils y ont esté encor vne autre fois, & si leur vacation le permettoit ils prendroient vne certaine assignation dés le commencement. Ils demandent vne remise, afin de conferer derechef de diuerses choses qui seruent grandemét à la promotion des bonnes lettres, pourueu qu'ils recognoissent que leur amitié & conuersation ne soit point desagreable: & reciproquement promettent qu'ils feront trouuer gens desquels on ne se repentira iamais. Ils disent qu'ils feront donner aux gens d'estude pleine puissance & liberté d'enseigner & disputer publiquement & en priué, combien que l'vn ny l'autre ne soit en leur puissance. Et en effect ils promettent beaucoup, & tiennent peu: Car comme dict le Poëte:

Regia, crede mihi, res est promittere multa:
At seruare fidem rusticitatis opus.

C'est à dire,
Beaucoup promettre est vn œuure de Roy:
Au seul rustique est de garder sa foy.

Ils se deuoient souuenir du Prouerbe Allemand: *Il est bien aisé de promettre, & mal-aisé d'effectuer.* Et par ainsi ne promettre rien en leurs peregrinations & escrits, que ce qu'ils pourroient garder. Mais toutes ces choses mauuaises ne prouiennent que du desir qu'ils ont de voyager, comme de leur source, qui toute-fois tend au chef d'vne religion nouuelle, plustost qu'immediatemét des peregrinatiós. Que direz-vous, qu'ils n'ont autre soucy & ne font rien que chercher des inuentions pour se faire renommer par tout? Mesmes ils entreprennent des voyages exprez à cette fin, encores que quelquesfois ils soient en charges & offices. Que fust-il aduenu si ce Pere eust pris son chemin auec H. I. H. &c. où ils eussent esté quatre en nombre de diuers noms, le moindre desquels eust parlé Latin, Grec, peut estre aussi Italien & François, outre sa langue maternelle, sans toucher à l'Hebraïque? Lesquels tous eussent parlé d'vne
mesme

mesme bouche. Qu'eust-ce esté s'ils fussent venus à Prague, comme c'estoit leur dessein, ou bien en Morauie, où il y à grand nombre d'Anabaptistes.

IV. De leur Religion.

CE poinct est grandement douteux: par ce que le langage perpetuel & ordinaire d'entr'eux, est: Que ces choses soient tenuës secrettes, & ne soient descouuertes à personne, &c. Et tout ainsi que ces personnes ont accoustumé d'aller incogneuës, elles ne se veulent pas faire cognoistre: encores moins veulent-ils faire profession de leur confession, mais ils mettent leur souuerain bien en leur intention. Et encores que l'on peut penser qu'ils sont Lutheriens, veu que I.R. & autres, se confessent estre tels, & aussi qu'ils communiquent auec eux; toutesfois personne ne le croira, non seulement par ce qu'vne certaine personne illustre a creu certainement que l'vn d'iceux estoit Iuif: mais aussi par ce qu'en autres lieux, selon les occurrences, ils remettent beaucoup de cét ardeur, de laquelle ils font profession; mais si nous prenons garde au bruict qui court d'eux, on trouuera qu'ils approchent plus

F

prés de la Religion des Caluinistes: car ils ne se soucient pas beaucoup des ceremonies: & pource ils disent qu'ils redoutent beaucoup les Catholiques Romains. Il est bien vray que ces Compagnons sont de la diuerse Religion des Anabaptistes, ou Socinians, & maintenant ceux-cy, maintenant ceux-là s'en donnent le bruict, & y en a, combien qu'ils ne soient point de leur nombre, toutesfois sont bien aises d'en acquerir la reputation, comme par quelque miracle. Ceuxlà sont les plus simples, & ne le font point à mauuaise intention. Et ce qui regarde leur Religion peut estre prouué par les raisons suiuantes.

OPINION PREMIERE.

1. ILs sont imitateurs des Anabaptistes, en ce que à leur exemples ils courent par tout le monde, & font plusieurs voyages pour en attirer d'autres à leur opinion. Et comme ils trauaillent fort à ceste fin, ils se rendent tesmoignage à eux-mesmes, qu'ils ont grand soin du salut, comme dit le prouerbe, *le latin present expose l'Alemand*: combien que ceste æmulation tient fort de celle des Pharisiens.

2. Ces freres en leurs peregrinations sont craintifs, ainsi que les Iuifs, & les Anabaptistes.

3. Ils ne se soucient pas des ceremonies des Eglises reformées.

4. Parce qu'ils se presentent plus souuent auec les Anabaptistes, & és lieux où viuent les Anabaptistes, qu'en autres lieux. Et si en aucun endroit se verifie le verset

Noscitur ex socijs, qui non cognoscitur ex se. c'est au faict de la Religion qu'il se peut verifier.

5. Adjoustez que cy-deuant R. S. donna conseil d'aller en Polongne, & Morauie, vers les freres Anabaptistes, & leur demander assistance, lequel chemin luy-mesme par apres voulut entreprendre, encore que celuy auquel il auoit donné ce conseil y resista.

On peut aussi prouuer qu'ils sont Socinians, par ce que ceux-là en sont qui ont excité les tumultes & seditions en nostre voisinage O. F. Q.

2. Par ce qu'ils s'estudient à establir des Imprimeries particulieres, à ceste fin (comme on peut recueillir) par ce qu'en plusieurs lieux il n'est pas permis d'imprimer & publier leurs liures: nous en auons l'exemple d'vn pauure homme M. B. Q.

F ij

3. Par ce qu'ils ont vne familiaire conuersation auec ceux qui sont de la secte Sociniane, & font ce qu'ils peuuent pour les aduancer, comme depuis n'agueres il est arriué en nos quarriers de N. B. qui deuoit estre promeu en vn certain endroict, non à autre fin, que pour attirer D. N. auquel il seroit associé à son heresie.

4. On pourroit icy rapporter l'exemple d'vn ieune homme I. R. lequel estant exclus de la promotion qu'il esperoit: Ie sçay, dit-il, que ie suis suspect de la Religion, ayant demeuré quelque temps en ce lieu. Et comme on luy disoit, qu'il pouuoit assister au Temple, & vser de la Communion publique: Ie le fais, dit-il, mais les aduersaires disent, que toutes choses qui plaisent aux Socinians leur sont loisibles, & ne font point conscience d'vser ou non vser de la Communion, D. R.

5. On pourroit encore alleguer, qu'autrefois quelques estudians s'estans assemblez en la maison de M. S. pour quelques sciences profanes, le bruict courut que leans on enseignoit vne nouuelle Religion: & ce plustost pour la consideration de la maison, que de la personne du Docteur, lequel comme estranger, mesme au commencement de son aduenement, personne ne cognoissoit,

6. Faict à ce propos, qu'vn certain estudiant, & stipendiaire de celuy que VV. E. auoit fait son Chanceller, & premier Conseiller, voulut vser de la sacrée Communion à G. qui escriuit la mesme chose à son maistre, & luy demanda congé, mais il ne l'a pas encore obtenu.

7. Adjoustez ce que dit Iesus-Christ, qu'enuiron le temps de son aduenement il sera difficile de trouuer la foy. Ce qui peut estre entendu de ceste secte, laquelle s'accorde auec les Iuifs, Anti-trinitaires, & autres heretiques.

Et certainement entant que ces gens ne sont pas tous d'vne sorte, il ne faut pas s'estonner si on parle & escrit d'eux en diuerses façons, & souuent auec confusion. Parce que tant qu'ils viuront secrettement, & tiendront leur dessein caché, on ne sçaura iamais au vray d'où l'vne ou l'autre secte a pris sõ nom de la Rozée-Croix, pour se faire cognoistre aux hommes. Toutes deux auec le temps sont tombez d'vn mesme accord & consentement, que c'est pour aduancer & promouuoir le négoce de la Religion. Car s'estans apperceu que cy-deuant quelques-vns auoient commencé directement par la pretenduë reformation de la Religion, &

F iij

n'auoient rien fait pour paruenir à leur deſſein, comme O. E. VV. L. & pluſieurs autres: ceux-cy maintenant ont pris vn meilleur conſeil, de ne point commencer par la Religion directement, mais par les ſciences, la ſanté, & les richeſſes. Ainſi occupans les eſprits plus apparens, ils eſperent qu'il aduiendra que plus facilement ils ſe laiſſeront emporter au fait de la Religion, principalement quand ils verront, que ſelon leurs preceptes, il faut obtenir la cognoiſſance de l'Alchimie par prieres ſingulieres. Et d'ailleurs tant plus vn homme met ſon eſtude, & les forces de ſon eſprit à acquerir des richeſſes, d'autant plus facilement par apres eſt-il eſmeu au fait de la Religion.

On peut alleguer l'exemple de G. D. lequel s'employant à l'eſtude, deuoit bailler de l'argent à vn payſan qui auoit apporté du bois. Il prenoit garde que le payſan s'il continuoit ainſi à compter de l'argent ſeroit trompé, aduertiſſant ce payſan en ſes penſées. Toutesfois il ne prenoit pas garde qu'il auoit eſté trompé par le payſan, iuſques à ce que ſur le ſoir ayant quitté ces meditations il ſe mit à reuoir ſes comptes, & trouua qu'il luy manquoit beaucoup d'argent. Que ſi l'intention de ceſtuy-là eſtoit examinee, attendu que des-ja il presumoit de reduire toutes les langues, & les arts, en abregé, & disoit encore qu'il auoit bien de plus hauts desseins: quelle estimez-vous que fut sa pensée, que le dessein de la religion?

V. Quels compagnons ils ont accoustumé de choisir.

IL est certain qu'il y a plusieurs de ceste secte que l'on ne croiroit pas, parce qu'ils sçauent bien dissimuler. Ils respondent comme celuy qui deuoit estre examiné en l'Vniuersité de H. ainsi est leur pur sentiment, encores qu'il n'eust pas suffisamment declaré qu'il estoit de la mesme confession. Cependent ils ont accoustumé de s'associer en general ceux qui ont vn cœur de cire, & prompts à tourner ou bon leur semble, non tant pour suiure leur maistre à l'esgard de l'Estat politique, & de leurs estudes, que pour la religion, ou plustost heresie. En apres ils ont accoustumé de choisir les plus beaux esprits, desquels (pour amener vn semblable) il soit loisible d'escrire: & parce que i'ay du particulier auec H. Ie veux que solidement & fondamentalement il pense aussi serieusement à s'ayder. Car ces beaux esprits sçauent que c'est de dissimuler, & s'accommoder au temps. Quoy plus? si ceste Religion ne leur estoit en recommandation, a quel propos feroient-ils des fraiz non necessaires, ceux principalement qui n'ont pas moyen d'y fournir de leurs biens? A quelle fin promettroient-ils au nom du Magistrat tant de promotions, estant puis apres contraints de confesser qu'ils ont fait des fraiz pour le bien public, sans auoir esté poussez ny aydez de personne. Et si ce n'estoit à cause de la Religion, pourquoy par tant de moyens recitez cy-dessus enseigneroient-ils vne chose qui se doit proposer legerement, lesquels par apres sont contraints, comme les autres ont esté contrainsts, ainsi que cestuy-là, duquel nous venons de parler. Il ne faut donc pas croire ce qu'ils escriuent en autre sens, pour le regard du faict de la Religion, attendu que le tout ne consiste qu'en eschappatoires & arguties, & en la liberté de ceste heresie, à laquelle ils se persuadent que tout est loisible. Car ceux desquels ils ne se veulent pas desfaire, par vne maniere de police, ils les enueloppent dans vn mariage, ou en debtes, &c, lesquels s'ils croyent conseil, ils desrobent; sinon, ils courent fortune, & se mettent en danger. Or ayant traité ces été ces questions, nous viendrons aux deux autres chefs qui restent.

III. D'où ces freres ont pris leur nom.

Tout ainsi qu'entre les soldats, chaque estendart a ses couleurs particulieres & distinguées des autres, afin que les soldats qui sont escartez soient advertis sous quelle enseigne ils se doivent ranger: par mesme raison il est à croire que les compagnons de ceste societé ont leurs enseignes, ausquelles chacun d'eux se retire. Car encores qu'il pourroit sembler que ce nom & ces termes de la Rozée-Croix soit nay casuellement: si est-ce qu'il y a apparence que sous iceluy on y peut entendre quelque chose de particulier. Cependant nous chercherons ce qui se peut dire pour & contre.

L'opinion negative.

ET premierement il semble que ce mot est venu fortuitement, non seulement parce qu'entre les Catholiques aux Monasteres, ce mot de *frere* est commun & vulgaire, en sorte qu'en beaucoup de lieux, frere, c'est à dire vn Moyne; mais aussi par ce

G

qu'il se trouue plusieurs freres de la Croix, comme ceux qui sont en la montagne d'Orient, à Sainct Georges, & quasi par tous les endroicts Catholiques, ou bien és lieux où il y a encor quelque reste de Catholicité.

2. Principalement en ce que ces gens-là ont accoustumé de s'appeller freres, en Polohgne, Morauie, & autres lieux, lesquels comme les Anabaptistes habitent ensemble dans les grands bourgs, de sorte qu'on en peut recueillir que les Anabaptistes sont vne grande partie de ceste societé.

3. Parce que ce nom de frere est si cōmun, que l'on a coustume de le donner à ceux qui ont vne fois beu les vns aux autres en signe de fraternité.

4. Parce que ces mots de frere & compagnon, le plus souuent sont pris pour synonymes. Or ils ont peu tant plus facilement vser de ce titre general, d'autāt que l'affaire qu'ils ont entrepris est de si grand poix, qu'elle ne peut estre executée par cestuy-cy, ny par cestuy-là, ny par vn homme seul : mais il faut necessairement quelle soit traictée par plusieurs conjoinctement : de laquelle on peut dire à bon droict auec le Poëte,

Tanta molis erat, &c.

5. Parce qu'au Baptesme les noms sont im-

posez aux hommes fortuitement : si non
touſ-jours, au moins le plus souuent. Car il
aduient ordinairement, que quelqu'vn deſi-
re auoir pour compere celuy duquel il igno-
re le nom, ou bien le nom duquel ne luy seroit pas aggreable. A quoy on pourroit rapporter ce verset

Conueniunt rebus nomina sæpe suis.

Souuent, dit le Poëte : ce n'est donc pas
touſ-jours. Bref, on peut conjecturer que le
nom de ceste societé est venu casuellement,
de ce que tout ainſi que toutes les choses à
leur commencement sont foibles & debi-
les, ainſi ceste fraternité a esté premieremēt
fort peu de chose, & non pas telle qu'elle est
aujourdhuy. Ainſi que ce nom est venu, non
pas de toute la fraternité, mais peut-estre de
l'vn ou l'autre indiuidu.

L'opinion affirmatiue.

MAis cependant il est plus vray-semblable que la banniere de ces soldats,
ou freres, a esté esleuée par quelque conseil
particulier. Car tout ainſi qu'ils sont craintifs
& lents en la plusfpart de leurs affaires, comme escrit B. G. s'accommodans au temps, &
fort diſſimulez : auſſi est-il croyable que ce

G ij

nom a esté inuenté & diuulgué par le conseil de plusieurs, auquel comme leur estandart, ces soldats espandus par tout l'Vniuers se vinssent ranger.

2. Parce qu'il semble qu'il y à quelque force & energie attachée à ce nom: d'autant que le salut nous a esté restitué aussi parfaictement par la mort de Iesus-Christ, que nous l'auions perdu par la cheute de nos premiers parents. Car c'est la vraye operation de la restitution de laquelle aucuns argumentent ainsi: Si la restitution est vn restablissement au premier estat, auquel on estoit dés le commencemēt, il s'ensuit que les Chrestiens par la mort de Iesus-Christ, sont maintenant restituez en l'estat d'integrité, auquel ils estoiēt au parauant la cheute sans aucune exception, pourueu que nous voulions attribuer ceste efficace au merite de Iesus-Christ. De quoy nous parlerons dauantage cy-apres.

3. Parce qu'il y à beaucoup de gens, & presque tous les Nouueaux & plus Ieunes autheurs, lesquels s'ils veulent composer quelques liures, ils songent auant toutes choses comment ils l'intituleront, & bien souuent ils sont plus empeschez à former le tiltre, que le corps du liure: tesmoin celuy qui depuis quelques années a publié vn escrit sous

le nom de la fraternité.

4. Que ce nom ait esté imposé par vn conseil singulier, vn homme assez graue & honorable l'a assez demonstré en l'an 1612. lequel on croit s'estre enroollé en ceste societé, L. M.

ADVERTISSEMENT.

Entant que ce ne sont point gens de mesme sorte qui concurrent icy, mais que tantost les vns, tantost les autres, s'attribuent ce nom, outre ceux qui plustost par simplicité qu'autrement, prennent ce nom qui leur aggrée: Il faut faire difference entre ceux qui attribuent quelque chose au merite de Christ, & ceux qui rejettent tout le merite de Christ, voire le Christ mesme. Car à cause de la diuersité, il faut expliquer le tiltre, & le terme, à sçauoir ceux qui encore aucunement recognoissent Christ, pressent ceste restitution en entier, par laquelle ils disent qu'ils sont transmis en ce premier estat de perfection, & que par ce moyen ils peuuent faire toutes les mesmes choses que nos premiers parens, & qu'ils ne pechent point: mais ils ne prennent pas garde, que ceste restitution est plus considerée selon son effet:

G iij

& qu'encores que la playe soit guarie, il demeure tousiours quelque chose de la cicatrice. Or afin que plus facilement ils puissent obtenir ceste perfection, ils rejettent toutes les autres religions, disans qu'il n'en faut approuuer aucune, *il n'y a aucune Religion.*

A sçauoir, que par ce moyen ils ostent de deuant les yeux des plus simples, la regle selon laquelle ils debuoient en partie viure, & examiner les sciences, eux qui comme hostes incognus, ne sçauroient par leur propre art trouuer vn chemin dans l'espesseur des forests. On ne veut pas pourtant estre icy tant exact, comme si necessairement par tout, & en tous poincts, il falloit adherer aux Caluinistes, qu'on appelle, ou mesmes aux Lutheriens, &c. dont ceux-cy font distinction entre les premiers & derniers escrits, mais plusieurs de ceux-là s'accordent auec les Catholiques, & les Lutheriens, en l'article de la predestination. Mais la fin est, que pour le moins generalement chacun doit estre contrainct d'embrasser quelque Religion permise dans l'Empire Romain, s'il ne veut estre reputé autheur de nouuelle heresie, comme les exemples en sont notoires. Quant aux autres qui insistent sur ce qui a esté dit maintenant, mais rejettent Christ, &

se monstrent eux comme s'ils estoient des Christs, & des hommes tres-iustes, il n'y a personne qui n'ait obserué que ce nom reçoit vne autre interpretation, en sorte que de là on peut aucunement iuger qui ont esté les premiers autheurs de ce nom, combien que par leurs affirmations, negations, & dissimulations, ils impliquent tellement la chose, que tous ceux-là mesmes qui se disent les Peres de la societé, ne s'en puissent deuelopper, estimans que la chose est de si peu de consideration, si toutesfois ils parlent plus modestement. Doncques il faut obseruer sur toutes choses de tous ces freres de la Rozée-Croix, que tous tant qu'ils sont insistent sur la cause de la Religion, en quelque façon que ce soit qu'ils proposent leur affaire, soit que du commencement ils fassent mention de la Religion, ou non, commençans par le traité des arts liberaux, des langues, de la Medecine, &c. Car en la Medecine ils ne s'arrestent pas tant à la santé du corps, qu'aux richesses qui en prouiennent: qui est la cause qu'ils conferent plus volontiers de la Medecine, & en font plus d'estat que de la science du Droict. Et ce qu'ils s'estudient plus à exceller en la Medecine par dessus les autres, c'est qu'ils se persuadent que par le moyen d'icelle ils s'obligeront les plus honestes gēs, & de condition plus releuée, pour la santé du corps, & desir du gain: Ils mesprisent le Droict, & ces estudes de Philosophie, qui hors l'art de Grammaire, ne sont pas pour ceux qui commencent.

Il faut donc conclurre (puis que, n'en desplaise à ceux qui en sont entachez, il faut dire la verité) que ces gens sont sectaires, qui croyent, & presument, que deuant la fin du monde il y aura vn establissement d'vne certaine Religion generale, contre la lettre expresse des S. Escritures ; & que ce seront les Anabaptistes, ou Socinians, s'y laissans emporter à leurs songes, & propres imaginations. Depuis n'aguieres ils s'en sont trouuez quelques-vns qui ont voulu confondre les Religions, desquels les noms sont assez cognus : lesquels interrogez comment cela (par exemple) en l'article de la saincte Cene, se pourroit faire ; Ils ont respondu qu'il faut simplement s'arrester aux mots, & rejetter entierement toutes interpretations. En effect, ils ont voulu que les parolles generallement demeurassent ; encores que pas vn d'entr'eux n'eust l'intelligence de ce que cela signifie. Cela est du sainct Siècle, sur quoy insistant ces nouices. Mais attendu que c'est

matiere

matiere de Theologie, à bon droict nous en lairrons l'explication, & decision, aux Theologiens. Il doit suffire qu'eu esgard au temps, nous en auons proposé en general ce qui peut seruir au but auquel nous tendons.

IV. Bref, à quelle fin ils ont espandu leur renommée.

IL pourroit sembler que ce bruict a esté espars contre, ou tout du moins outre la volonté des associez, ou ceux ausquels ils ont faict du bien. Tout ainsi qu'en cas semblable, ceux qui autrement sont en quelque mediocre fortune, ne peuuent rien faire plus à propos, ny qui leur soit plus vtile, que de receuoir quelquesfois en leurs maisons des gents paures, & necessiteux, ausquels ils feront du bien, & leur feront monstre de quelque argent, ou ornemens. Car ceux-là ne sçachans que c'est des richesses, incontinent ils publient le tout, & en adjoustent dix fois autant en leurs relations. Ce qu'ayant esté practiqué enuers vn paure homme noble L. auquel on mit en main cent imperiaux, & quelques pieces d'or renfermées dans ses hardes, il jura que c'estoit tout or, jugeant au poix que c'estoit or, & non pas argent. Le mesme practiquerent A. L. V. & autres, qui de leur vivant eurent la réputation d'estre tres-riches, & apres leur mort furent trouuez estre tres-pauures. Nous examinerons donc les raisons, si c'est pas cas d'aduenture que ceste renommée a esté espanduë, ou bien si c'est par conseil, & de propos deliberé par ceux qui ont intérest en ceste publication.

L'opinion negative.
Et pour le cas fortuit.

ON pourroit bien dire que c'est par cas fortuit que ce bruit s'est respandu, en ce que ses freres par leurs escrits se plaignent de la crainte qu'ils ont des Catholiques, & que c'est le subject pour lequel iusques à present ils ont vsé de retenuë. Or ceux qui se veulent tenir cachez ne desirent pas faire parler d'eux, mais ils aymeroient beaucoup mieux que leur personne, ny leur renommée, ne fut point diuulguée.

2. Aux grandes & importantes affaires,

l'ordinaire est de deliberer longuement,
& puis executer meurement. Delibere
premierement (dit quelqu'vn) & apres
que tu auras deliberé, fay tō affaire meurement. Puis donc que l'affaire laquelle
ces gens ont entrepris est de si grand
poix, il y a apparence que pour l'importance ils y ont bien pensé, & qu'ils n'ont
pas souffert qu'elle ait esté diuulguée,
mais plustost que ce qui a esté fait a esté
contre leur attente.

3. Peut aussi seruir pour l'opinion negatiue, qu'ayans entrepris de reformer la
Religion, il n'est pas à croire qu'ils ayent
desiré que leur renommée ait esté respanduë, iusques à ce qu'auec le temps ils
entreprennent ceste affaire à bon escient.
Et ainsi en ont vsé ceux qui ont fait profession de reformer les autres, en sorte
que comme aux autres choses, ils se mōstrent lents & tardifs, de mesme aussi
n'ont-ils pas voulu se haster de faire sçauoir quelles gens ils sont.

H ij

L'opinion affirmatiue.
Et pour le Conseil.

1. QVe par vn certain conseil & propos deliberé, leur renommée ait esté espanduë, il le faut croire, parce que les autheurs qui sont craintifs, comme les Anabaptistes, & les Iuifs, ont estimé qu'il estoit fort à propos de publier leur renommée, non seulement pour l'Alchimie, & pour la santé du corps, par certains remedes secrets, qui seroient fort biens receus, & par les gens de basse conditions, & par ceux qui tiennent les lieux & charges plus releuées. Auquel cas ces autheurs timides pourroient aller çà & là, & descouurir ce qu'on diroit d'eux, & quelle foy on adjousteroit à leurs parolles & promesses, à sçauoir eux-mesmes parlans de leur renommée, sans se donner à cognoistre. Car premierement ils ont voulu gaigner les bonnes graces d'aucuns, auant que de se manifester en public. Et combien qu'ils ne soient pas tels qu'ils se vantent: toutesfois ils peuuent plus facilement venir à bout de leurs affaires, en practiquant la faueur de quel-

ques-vns. Quelquesfois les Imprimeurs font curieux de faire inserer le tiltre de leurs liures au Catalogue de la foire, affin d'apprendre s'il y aura quelques-vns qui soient curieux de l'achepter. Par ce moyen s'ils descouurent que le liure sera de bonne vente, ils sont plus hardis à en entreprendre l'impression. Ainsi ces gens veulent esprouuer les esprits des hommes. Et apres qu'ils ont mis en auāt quelque proposition, de laquelle, toutes choses pareilles, il n'y a point lieu de douter, & qui leur est mesme aggreable, alors ils commencent à trauailler viuement à s'aquitter, du moins en quelque partie, de leurs promesses. Et à ceste intention ils se seruiroient volontiers du trauail des hommes doctes, s'ils en pouuoient cheuir à leur discretion. Cependant deçà & delà ils grapillent tout ce qu'ils peuuent par le moyen de leurs disciples, & gens qu'ils ont à gages: mais la fin couronnera l'œuure. Et pourquoy tant insister sur ce poinct de vouloir esclaircir, si c'est par certain conseil que ceste affaire est publiée & diuulguée, puis qu'il y en à qui par leurs escrits ont affermé que ces freres sont tels? Les plus sçauants ont creu que c'est le jollet du monde. Ils eussent peu se contenter de ceste opinion, & quasi s'en es-jouyr en leur sein, s'ils n'eussent point desiré que leur renommée eust esté espanduë, & s'ils eussent redouté les Catholiques. Mais il en va tout autrement, veu mesmes qu'ils ont accoustumé d'enuoyer de l'argent aux Imprimeries pour faire imprimer leurs escrits, & diuulguer leur renommée.

Voila donc ce qui m'a semblé bon escrire de ceste societé, pour l'vtilité publique, me taisant de plusieurs choses qui restent, tant des escripts, que des tesmoignages viuans: & ce, affin que les plus simples se donnent garde de telles gens, qui s'efforcent de confondre les Religions, & d'introduire nouuelles heresies.

FIN.

www.ingramcontent.com/pod-product-compliance
Lightning Source LLC
LaVergne TN
LVHW022114080426
835511LV00007B/811